COMO LOGRAR LA VERDADERA LIBERTAD FINANCIERA

INDICE

Capítulo 1: Lo que significa la libertad financiera

Capítulo 2: Realidades de la Independencia financiera

Capítulo 3: Comienza tu viaje en el camino hacia la libertad financiera

Capítulo 4: Consejos para asegurar un exitoso Plan de Independencia Financiera

Capítulo 5: Trabajando para lograr Independencia financiera

Capítulo 6: Nuevas tendencias hacia la gestión financiera

Capítulo 7: El dinero importa

Capítulo 8: Distinguir entre los deseos y necesidades en la vida para lograr Libertad financiera

Capítulo 9: Organizando sus deudas para la libertad financiera

Capítulo 10: Seis maneras de enseñar a los niños Sobre el dinero y los mercados financieros

Capítulo 11: Independencia financiera para los mayores

Capítulo 12: Independencia financiera y planificación de la jubilación

Capítulo 13: La libertad tiene un precio

Capítulo 14: Establecer metas para la independencia financiera

Capítulo 1: Lo que significa la libertad financiera

En el siglo XXI se están redefiniendo los conceptos de tiempo y dinero. "Libertad Financiera", es un término que ha ganado mucha importancia en el cambiante escenario financiero.

"Libertad Financiera" significa la libertad de responsabilidades financieras continuas a través de una administración planificada y la asignación de activos. Libera a una persona de un trabajo agotador dándole una fuente de ingresos estable de por vida.

Uno no debe pensar que una persona libre de deudas también está libre de deudas. Sin embargo, su prudente gestión de activos asegura que sus deudas no se conviertan en una carga, sino sólo en una parte de sus gastos generales. De esta manera, sus deudas no obstaculizan sus objetivos financieros a largo plazo.

La libertad financiera no se puede equiparar con ser rico. No hay que olvidar que el exceso de riqueza requiere una supervisión constante. A largo plazo, las obligaciones de un hombre rico no te hacen "financiero y libre" en el verdadero sentido.

Así, la libertad financiera puede definirse como un estilo de vida que mezcla gastos e ingresos según la preferencia individual. Esto hace que la "libertad financiera" sea más posible y conveniente.

La libertad financiera es la libertad de tiempo

"El tiempo es dinero", es la creencia general en el mundo profesional. Esta actitud no deja espacio para el tiempo libre. Sin embargo, la libertad financiera ha cambiado este concepto de trabajo permitiendo a una persona disfrutar del ocio sin obstaculizar sus ingresos estables de ninguna manera. Todo el concepto de "libertad financiera" se basa en los activos e inversiones que se combinan a lo largo del tiempo para generar dinero. Se ocupa de los gastos regulares y deja a una persona con tiempo y dinero en sus manos. Una persona financieramente independiente está libre de las garras de la rutina del tiempo por dinero.

Alcanzar la libertad financiera

Para entender la "libertad financiera" hay que salir de los conceptos tradicionales de ingresos y gastos.

Se nos ha enseñado que el trabajo oportuno genera dinero. La "libertad financiera" se opone a este concepto de intercambio de tiempo por dinero y deja que el dinero trabaje para el nosotros. Sin embargo, a pesar de esta ventaja muchos profesionales encuentran difícil trabajar sin una rutina fija.

Por lo tanto, para lograr la libertad financiera uno necesita cambiar sus viejas mentalidades y desarrollar una nueva actitud para ganar dinero. Uno debe darse cuenta de que el dinero es simplemente el medio para lograr fines.

Uno debe también recordar que una persona no puede ser juzgada por el dinero que posee. A menos que estos conceptos erróneos sean aclarados, el propósito de la libertad financiera será derrotado ya que la satisfacción es la palabra clave de la libertad financiera.

Del mismo modo, uno también debe deshacerse de la actitud negativa hacia la ganancia de dinero. Mientras que el exceso de demanda de riqueza dificulta una relación saludable con las finanzas, una percepción saludable del dinero es necesaria para mantener un equilibrio excesivo. Recuerda que uno gana dinero para lograr fines y, por lo tanto, es saludable y normal ganar dinero siempre y cuando uno sienta la necesidad ética de hacerlo.

Al final, se puede decir que la libertad

financiera es el estado mental que trabaja hacia el desarrollo a través de un proceso de auto-liberación.

Capítulo 2: Realidades de la Independencia financiera

La independencia es un estado de ser que todo ser viviente se esfuerza por alcanzar, y mantener para siempre. Desde el momento en que un niño pone un pie en la escuela, se le hace entender que el conocimiento que adquiere desde este punto en adelante es para que haga uso de la inteligencia, para dar forma a su propio futuro.

Cuando uno vive con sus padres, tiende a dar muchas cosas por sentado. Una vez que uno comienza a ganarse la vida, se enfrenta a dos aspectos diabólicos: la independencia financiera y la responsabilidad.

No basta con ganar dinero. Muchos factores surgen cuando uno (a veces de forma arrogante) decide separarse de la familia y mudarse a su propia casa. Es cierto que ahora no tiene que pensarlo dos veces antes de comprar ese par de zapatos extra; después de todo, no hay ningún padre esperando en casa para mirar el paquete en la mano.

Pero uno tiene que pensar en la factura de electricidad que se debe pagar la semana que viene, la factura de teléfono que ahora parece ser de un nivel astronómico, y otros gastos que hay que pagar. El dinero que se ha ganado después de horas de trabajo parece caer en el olvido.

En Economía, aprendemos que un país crece sólo a través de la inversión. Y la inversión es el resultado directo de los ahorros.

De manera similar, en el caso de un individuo, su estado financiero crece a través del ahorro. Parte de este ahorro puede ser invertido en acciones y bonos. Y como las emergencias y los accidentes no vienen con remolques antes de ellos, la seguridad en cuanto a los seguros médicos y otros seguros debe ser hecha.

Las mujeres en la India han dependido financieramente de los hombres durante mucho tiempo: primero como hija de su padre, segundo como esposa de su marido y luego como madre de sus hijos.

Aunque esto les ha ahorrado la preocupación de ganarse la vida, también ha tenido sus inconvenientes. Una esposa abusada por su marido es incapaz de dejarlo y mantenerse. Incluso después del divorcio, está a merced de su marido para la manutención de sus hijos.

Pero con el cambio de los tiempos la mujer india moderna sabe cómo ganarse la vida. El poder del dinero ya no manipula su vida.

Vivir de los demás trae consigo el auto desprecio y el ridículo. Por lo tanto, todo el mundo debería trabajar para lograr la independencia financiera.

Capítulo 3: Comienza tu viaje en el camino hacia la libertad financiera

Para lograr estabilidad financiera y seguridad en la vida, hay que planear y trabajar duro a lo largo del tiempo. Pero para hacer las cosas un poco más fáciles para ti, aquí están los rasgos más importantes y probados a lo largo del tiempo que podrían ayudarte a alcanzar tus metas financieras.

La salud es riqueza (cuida de ti mismo)

Esto puede parecer inmaterial, pero es muy relevante. La buena salud asegura que no sólo tienes el vigor físico y psicológico para encontrar y superar los retos de tu vida, sino que también asegura que estarás ahí para saborear el éxito de tus sueños realizados.

Así que házte chequeos periódicos con tu médico, haz ejercicio regularmente y manten una dieta saludable. Y empieza pronto. Cuanto menos cuidado tengas ahora, más difícil será compensarlo más tarde.

Define tu visión

Definir tu visión de tu trabajo y tu vida es crucial para tu éxito. ¿Qué es lo que quieres? ¿Es la independencia financiera, ser tu propio jefe, mayor seguridad para tu familia, una sólida plataforma de lanzamiento para tus hijos? Sea lo que sea, siempre debes ser tu visión en foco.

Refuerza la visión y su papel de muchas maneras, y en tiempos de problemas busca guía y consuelo en ella.

Invierte tu dinero sabiamente

Aunque tu ingreso básico debe provenir de tu trabajo actual, no te limites a esto. Debes tratar de aumentar tus ingresos invirtiendo tu dinero de manera juiciosa y beneficiosa. Podrías financiar o iniciar un negocio que te apasione; de lo contrario, podrías invertir en opciones de mercado seguras.

Ahorra tu dinero

Una buena manera de construir una base financiera sólida es adoptar la vieja mentalidad ahorradora. Destina un cierto porcentaje de tus ingresos a tus ahorros de forma regular, y reserva este dinero cada mes, cada vez que recibas fondos o te paguen.

Una forma conveniente de evitar la compra compulsiva y la trampa de la mala gestión presupuestaria es recordar siempre que hay que pagar primero la cuenta de ahorros. Así se evitan gastos innecesarios y se cubren las contingencias que puedan surgir. Aunque el interés que se da a una cuenta de ahorros es menor que el de algunas otras inversiones, destinar los ahorros por separado es la opción más segura.

Rasgo de poder-Gasta tu dinero sabiamente

Diferencia dentro de tus gastos y evita los extraños. Antes de cualquier compra, pregúntate si realmente lo necesitas. Sé fiel a ti mismo y a tu visión: "¿De verdad necesito eso?" Sólo tú puedes responder a esta pregunta, pero debes ser fiel a ti mismo y a tu visión de la independencia financiera.

Capítulo 4: Consejos para asegurar un exitoso Plan de Independencia Financiera

Incluso si has determinado un conjunto de planes financieros para ti, ya sea de inversión en el mercado, bienes raíces o jubilación, debes tratar de coordinar estos planes para maximizar tus ganancias.

Para ayudarte a lograr esto, te presentamos los 7 pasos cruciales para la planificación financiera que te permitirán alcanzar tus objetivos, dentro del tiempo que tu requieras, con beneficios fiscales y con un riesgo mínimo:

1) Reservas de efectivo de emergencia: Siempre reserva 3-6 meses de tu salario en una cuenta de la cual puedas retirar dinero a corto plazo sin incurrir en ninguna penalidad. Para cualquier gasto inesperado a corto plazo, trata de evitar el uso de tarjetas de crédito y utiliza este efectivo en su lugar.

2) Gestión de riesgos: El seguro es la forma más segura de gestión de riesgos. Por lo tanto, asegura tu coche, tu casa y otros bienes importantes. También puedes considerar un seguro de vida para ayudar a compensar la pérdida de ingresos y pagar las deudas en caso de muerte. Mientras finaliza tu opción de seguro, elije siempre el tipo de seguro que se adapte a tus necesidades, y elabora la cantidad necesaria de cobertura que te resulte asequible.

3) Plan de sucesión.: Las características

básicas de un plan patrimonial son un testamento y un poder notarial duradero como provisión para tu atención médica y financiera. En el caso de patrimonios más grandes, puedes requerir, además, un fideicomiso en vida, fideicomisos matrimoniales y fideicomisos de beneficencia. Estos aseguran que tus bienes se mantengan y pasen a tus futuras generaciones.

4) Establecimiento de metas.: Este es el marco de coordinación de tu plan financiero. Siempre que recibas una oferta de inversión, refiéralas a tus metas financieras generales. Pregúntate si es propicia o productiva "para", y se adapta "a", tus objetivos. Este compromiso con tus metas te ayudará a mantenerte enfocado a largo plazo.

5) Inversiones.: Necesitas tener un plan de inversión de activos personalizado para cumplir tus objetivos y mantener el elemento de riesgo dentro de los límites que consideres aceptables. Sin esto, tus inversiones estarán sujetas a los caprichos de la economía en vez de ser dirigidas por tus requerimientos.

6) Planes de jubilación.: Los ingresos para complementar tu seguridad social provendrán de planes de contribución definida y planes de beneficios. Durante tu vida laboral, trata de hacer la mayor cantidad posible de contribuciones anuales a estos planes definidos. Estos fondos crecen rápidamente como resultado del aplazamiento de impuestos, y como se obtienen directamente de tu sueldo, son relativamente indoloros.

7) Planificación de impuestos.: Esto significa

aprovechar todas las posibles deducciones de impuestos y planes de impuestos diferidos que la ley te permite, así como utilizar créditos de impuestos dondequiera que sea elegible. Un buen plan de impuestos puede ahorrarte miles de dólares en impuestos.

Si sientes que no puedes manejar todo esto por tu cuenta, busca los servicios de un asesor financiero de pago o de un entrenador financiero para diseñar un plan integral de acuerdo con tus activos y tus necesidades.

Recuerda: Tu seguridad financiera depende de la coordinación adecuada de estos pasos separados para la creación de riqueza.

Capítulo 5: Trabajando para lograr Independencia financiera

Muchos de nosotros podemos hablar de independencia financiera pero la pregunta es ¿cuántos de nosotros la alcanzamos realmente?.

Muy pocos porcentajes de nosotros saben cómo hacer un plan sólido y aún menos son capaces de ser disciplinados para ejecutar el plan. Tengan cuidado y consideren el programa de manejo de dinero ya que les ayudaría a ser financieramente independientes.

Cualquier tipo de planificación financiera comienza con una adecuada administración del dinero. Mientras construyes tu plan, asegúrate de trabajar en dos aspectos importantes. En primer lugar, abordar el tema de encontrar el fondo que respalde tus planes y en segundo lugar, conseguir el dinero planeado de tal manera que se cumplan tus objetivos.

Este dinero te ayudaría a mantener las oportunidades importantes. Debes estar un poco sorprendido si te das cuenta de que cada uno de nosotros tiene algún tipo de gestión de dinero en nosotros. Hay varios métodos para llevar a cabo una buena administración del dinero. Es importante que tengas un enfoque organizado del plan y que saques el máximo provecho del dinero. Enfócate en identificar tus gastos para que sepas exactamente cuánto invertir.

Si te fijas una meta, te dará un propósito para invertir. Tus planes pueden estar superpuestos, por lo tanto, sé consciente de que tus metas pueden estar superpuestas.

Por ejemplo, tu plan de jubilación puede superponerse a tu plan de inversión y de administración del dinero.

A estas alturas ya debes haberte dado cuenta de que la administración del dinero es importante para las metas financieras futuras.

Por favor, apégate a un plan de administración del dinero realista. Ten en cuenta cómo lograrías los fondos. Tus metas deben ser específicas. Priorice sus metas para que el camino sea más fácil.

A menudo somos engañados por pocas nociones pre-concebidas como vivir el momento. No nos damos cuenta de que hay un futuro que nos espera. Es importante tener un enfoque organizado.

Si no tienes un enfoque organizado puedes encontrarte en algún tipo de problema.

Tendrías que pagar impuestos de más. Te expondrías innecesariamente a riesgos financieros.

Falta de fondos para la educación superior de tus hijos. Vejez insegura debido a la falta de planificación.

Y justo lo contrario sería el escenario si se ha hecho un plan organizado de administración del dinero en el momento adecuado. El mejor resultado de una adecuada administración del dinero es que tú seas capaz de hacer frente a los gastos a largo y corto plazo.

Capítulo 6: Nuevas tendencias hacia la gestión financiera

La inseguridad económica está aumentando rápidamente en los corazones de las personas, que ante la posibilidad de estar cerca de la quiebra, debido al aumento del costo de la vida y a la falta de disponibilidad de empleos bien remunerados, están centrando su atención en alternativas, en el mercado, que les ayuden a valerse por sí mismos y por sus familias.

Por ello, muchos están buscando cualquier fuente secundaria de ingresos o planificando medidas de seguridad, que sirvan de respaldo en caso de emergencia financiera como la pérdida de su trabajo.

Otros que ya están sufriendo a manos de las tendencias sociales, están tratando desesperadamente de llegar a fin de mes y buscan una oportunidad para reiniciar sus carreras. También hay otros que, siguiendo las pautas del mercado, han logrado acumular dinero y están tratando de sacar provecho de su buena racha, esperando que sus años venideros sean seguros.

Servicios de alta demanda

Por eso es muy importante elegir el tipo correcto y la profesión adecuada.

Ya sea que se trate de una empresa de tipo "sentarse en casa" o de una empresa de campo rigurosa, nada más asegura el éxito excepto su demanda en el mercado, incluso en medio de una crisis económica a gran escala.

Dado que el mundo actual está completamente gobernado por los poderes de la tecnología, especialmente de la computadora; tener un trabajo que mantenga el control de los males del mismo, como el robo de identidad y los problemas generales de la computadora, es una forma segura de encontrar el éxito.

Al igual que con los coches, la gente los usa todos los días, pero no saben cómo mantenerlos y controlarlos. Así que cuando las cosas vayan mal con los ordenadores, por muy adversa que sea la situación, estarán muy solicitados.

Las mejores posibilidades de éxito

Por eso, aunque cualquiera con un poco de suerte e investigación puede alcanzar el éxito, las personas con experiencia en servicios de información, ventas y publicidad, o las que son aficionados tienen una oportunidad garantizada de tener éxito.

Las posibilidades son aún más favorables para los propietarios únicos de pequeñas empresas, ya que pueden utilizar esos productos en su sitio web para ganar más dinero.

Dónde buscar

Si estás buscando una victoria sana, entonces la mejor opción para ti es unir tus manos en asociación con una compañía sólida y de buena reputación, que te ayudará a maximizar tus beneficios y te ayudará en tu camino hacia un futuro económico y seguro. Pero antes de asociarte, analiza los planes de reembolso de la compañía y los sistemas de apoyo para que puedas obtener el mejor y más seguro trato de esta empresa.

Capítulo 7: El dinero importa

Con el rápido aumento del costo y del nivel de vida, la quiebra se está convirtiendo en un fenómeno bastante común, préstamos, cuotas de tarjetas de crédito, honorarios, etc.; la lista continúa. Si no sabes cómo manejar tus finanzas y el estrés se acumula, puedes empezar a sentir que declararte en bancarrota es la única salida.

Es importante entender que este debe ser tu último recurso. Antes de eso, deberías probar los servicios de asesoramiento y gestión de tarjetas de débito y una mejor gestión del presupuesto.

También puedes consultar los planes de liquidación de deudas y ver si te funcionan. Consigue un asesor que te ayude a buscar cosas. Pero recuerda que un plan de liquidación de deudas sólo te dará un respiro. No será real y hará que todos tus problemas se desvanezcan.

Debes buscar un asesor con suficiente experiencia. Obtener referencias de personas que conoces es una buena idea. El consultor de deudas negociará con tus prestamistas para bajar las cuotas y las tasas de interés.

En segundo lugar, también te ayudará a consolidar todas tus deudas en un solo monto. Así, no tienes que preocuparte por la gestión de tus cuotas. Tú sólo tendrás hacia una sola cantidad debida. Él / ella te ayudará a obtener tu papeleo y las aplicaciones en orden. Todo esto puede ayudarte a recuperar tu posición financiera en un período de tiempo relativamente corto.

Por supuesto, hay algunos requisitos mínimos para llegar al programa. Si calificas para el programa, tu presupuesto mensual será tachado y una suma de dinero requerida será apartada para tus pagos. La sistematización de las cosas te ayudará a volver al camino correcto.

Si estás cansado de pagar las facturas que se acumulan delante de tu cara, es hora de repensar un poco tu vida. Inscribirse en el programa mencionado es un buen primer paso. Te dará una nueva y positiva dirección a tu vida.

Es crucial para manejar tus préstamos correctamente y si no puedes hacerlo tu mismo no debes dudar antes de pedir ayuda. Es importante hacer estas cosas bien, si no quieres poner en peligro todo lo que te importa.

La administración del dinero es una habilidad muy importante. Uno necesita que se le enseñe la importancia de ahorrar dinero y planificar un presupuesto desde el principio de la vida. Cuidado con los pasos antes de tener que aprender estas lecciones de la manera más difícil.

Pero si logras meterte en problemas, no lo pienses dos veces antes de contratar la ayuda de un consultor de deudas. Ellos te darán un plan para tus necesidades específicas y personalizadas. Elije tu plan sabiamente.

Uno de los planes más populares puede

hacer que te recuperes, financieramente en tan sólo cinco años.

Pero recuerda que tienes que querer salir de los problemas y consecuentemente mantenerte fuera de ellos.

Tienes que tener una fuerte determinación para mantener tus finanzas en orden y no derrochar en cosas que al final no puedes permitirte.

Si logras tener una segunda oportunidad en tu vida financiera, no la desperdicies. Aprende a ser prudente en los asuntos de dinero antes de que sea demasiado tarde.

Capítulo 8: Distinguir entre los deseos y necesidades en la vida para lograr Libertad financiera

La libertad y la seguridad financiera provienen de regular tus necesidades y deseos de manera prudente.

El dinero ofrece seguridad, pero también te quita la seguridad si se gasta en las cosas equivocadas. Para enfrentar esta paradójica situación, es necesario entender y seguir las diferencias básicas entre las necesidades y los deseos en la vida.

Es importante manejar el dinero de tal manera que no tengas que mendigar y pedir prestado a alguien más cuando hay escasez de él. Estas situaciones pueden evitarse si se puede evitar ciertos lujos en la vida y en su lugar concentrarse en ahorrar dinero para satisfacer las necesidades básicas de la vida.

Si no tienes suficiente dinero para llevar una vida normal y cómoda, terminarás llevando una vida inhibida y desagradable. También terminarás haciendo el trabajo equivocado y esto te hará infeliz e insatisfecho. Si no hay seguridad en tu vida, también te volverás menos activo en tu vida. También te impediría hacer lo que realmente quieres hacer en la vida, limitando tus opciones y restringiendo tu estilo de vida.

Los lujos en la vida pueden ser evitados en gran medida siempre y cuando tengas las necesidades básicas en su lugar. Los lujos son complementos y pueden esperar algún tiempo mientras tengamos suficiente dinero en nuestros bolsillos.

Esto puede parecer restrictivo para mucha gente. Incluso podrían argumentar que no tiene sentido esperar un futuro fantástico cuando tienes dinero para satisfacer todas tus necesidades y deseos. En primer lugar, debes entender que el dinero no puede garantizarte nada en la vida.

El dinero no es un fin en sí mismo. Depende de cada persona manejar el dinero de manera sabia para satisfacer sus fines. Tienes que ser estricto con tu dinero y gastarlo sólo en cosas de las que no puedes prescindir.

Esta lógica se aplica no sólo a los adultos,

sino también a los estudiantes y niños. El valor del dinero debe ser percibido a una edad muy temprana para que todo tu mundo no gire en torno a hacer dinero. Hay otras cosas en la vida que no son sólo dinero.

Si sabes exactamente lo que quieres y en lo que quieres convertirte en la vida, puedes trabajar para conseguirlo y sacar las cosas de ahí. Una vez que estés financieramente seguro e independiente puedes vivir la vida de la manera que quieras.

Esto no significa que vivas una vida lujosa gastando dinero en cosas no deseadas. Teniendo en cuenta la diferencia entre los deseos y los fines, puedes llevar una vida plena y desinhibida.

Capítulo 9: Organizando sus deudas para la libertad financiera

Los últimos datos publicados por la Reserva Federal, la organización que sigue y registra todos los asuntos monetarios de los Estados Unidos, revelan que los estadounidenses deben más de dos billones de dólares en sus tarjetas de crédito y que la deuda total de cada persona en el país asciende a más de siete mil dólares.

Estas cifras sorprendentes de la deuda de las tarjetas de crédito en los EE.UU. están destinadas a afectar a todo el mundo. ¿Cuáles son, entonces, las soluciones disponibles? Podrían empezar por seguir las sugerencias que se indican a continuación, que les ayudarán a gestionar eficazmente sus responsabilidades financieras: Organiza tu deuda pendiente - Comienza por hacer un balance de todas y cada una de las obligaciones rotativas que tienes. Esto incluiría todas tus tarjetas de crédito y de débito. Tabula y registra tus pasivos en función de los calendarios de pago, las facturas, etc. La contabilidad de las tasas de interés aplicables calcula la cantidad exacta que debes.

Es importante saber la tasa de interés de tus deudas mensuales, ya que es el costo continuo en el que incurres contra una deuda continua cada mes. Por lo tanto, es beneficioso para ti si puedes liquidar el préstamo cobrando la tasa de interés más alta lo antes posible.

Así que mientras haces los pagos trata de enviar la máxima cantidad posible al prestamista con la tasa más alta, incluso si esto significa que te quedas con sólo los pagos mínimos debidos al resto. De esta manera, una vez que la deuda con el interés más alto ha sido pagada, puedes seguir la misma política para el préstamo con la siguiente tasa de interés más alta.

Negocia para obtener tasas de interés más bajas - trata de mantener un historial de pago inmaculado y luego llama o reúnete con tus prestamistas y pídeles que bajen tu tasa de interés. Como es costoso para los prestamistas encontrar nuevos clientes, si tu solvencia crediticia está probada, siempre tratarán de retenerte.

Por lo tanto, la mayoría de los prestamistas les deberán a los clientes en buen estado para disfrutar de las tasas reducidas. Sin embargo, una vez que acepten reducir tu tasa, asegúrate de pagar tus cuentas a tiempo; de lo contrario, podrían retirar la facilidad y aumentar la tasa de interés aplicable una vez más.

Utiliza el dinero en efectivo cuando puedas - Como es mucho más sencillo utilizar una tarjeta en comparación con llevar dinero en efectivo o extender cheques, la mayoría de nosotros se acostumbra a utilizar las tarjetas aunque éstas atraigan cargos. Así que trata de cultivar el hábito de escribir un cheque y pagar en efectivo en lugar de usar instintivamente la tarjeta de crédito.

Ten siempre presente que una compra con tarjeta de crédito no es un regalo sino un préstamo. Así que estate bien aconsejado cuando uses la tarjeta: prefiere no usar la tarjeta en absoluto si no puedes permitirte la responsabilidad.

Recuerda que es mejor no gastar en todo que gastar tanto que empiece a perjudicarte.

Si puedes organizar tus finanzas, minimizar tus costos y hacerlos proporcionales a tus ganancias, estarás seguro de poner en orden las finanzas de la gira y evitarás cualquier problema en el futuro. Si te lo propones, la libertad financiera no es un trabajo tan duro, y bien vale la pena todo el esfuerzo.

Capítulo 10: Seis maneras de enseñar a los niños Sobre el dinero y los mercados financieros

Si planeas enseñar a tu hijo a aprender a manejar el dinero, entonces la mejor manera de hacerlo es que empieces a pagar tus deudas pronto. Cuando el dinero importa, los niños necesitan tener una experiencia de primera mano. Si lo hacen, entenderán lo que se necesita para hacer el intercambio.

Si tu hijo quiere algo de ti, en lugar de comprárselo, dale el dinero. Debes darte cuenta de que es importante que tu hijo sepa cómo manejar el dinero.

Cuando un niño llega a una cierta edad, debes darte cuenta de sus inclinaciones y dejar que el niño maneje el dinero por sí mismo. Deja que el niño compre sus propias necesidades básicas, como los accesorios de la escuela. Pero asegúrate de que el niño conozca sus limitaciones. Como tutor debes tener una mirada aguda en sus actividades.

El siguiente paso sería que tú como tutor establezcas un presupuesto para tus hijos. Los niños, no importa cuán jóvenes sean, tienen la capacidad de mantener un cuaderno en el que pueden anotar el dinero que tienen y el dinero que han gastado.

Asegúrate de que tus hijos conozcan sus objetivos futuros y es tu deber asegurarte de que los logren.

A medida que tu hijo crezca y madure, abre una cuenta de ahorros para ellos. ¡Te sorprenderás de que esto sea una tarea tan estupenda! Es muy satisfactorio ver cómo el interés compuesto se va sumando. Haz un esfuerzo extra y muéstrale a tu hijo haciendo gráficos de cómo aumenta la cuenta. Y muéstrale que si continúa haciéndolo, cómo será la cuenta después de unos años.

Haz que juegue un papel importante mientras tú haces una compra importante, como un lavavajillas o un coche. Deja que sepa que la cantidad de investigación que se hace en una nueva compra. El proceso de comparación de descuento y negociación es importante y aprenderá esto. Asegúrate de que tu hijo te acompañe en el día real de la compra.

Tus hijos serán privilegiados si tienen un don

para el mundo de los negocios. Aumentar el valor de las acciones y con el tiempo si empiezan a poseer alguna acción podría mejorar. La subida y bajada de los precios sería interesante para los jóvenes inversores. Así que les debemos plena libertad.

Capítulo 11: Independencia financiera para los mayores

El programa de hipotecas revertidas iniciado por el gobierno ha sido una bendición para muchos ancianos. El plan, que permite a las personas de 62 años o más cambiar una parte del patrimonio de su casa por dinero libre de impuestos y no tiene que ser reembolsado mientras estén vivos, hace que les sea conveniente llevar una vida plena e inflexible incluso cuando la mayor parte del país está plagado de gastos cada vez mayores en todas las esferas de la vida.

Además, los efectos de tales gastos se multiplican cuando se trata de la generación mayor, porque no sólo tienen que ocuparse de los impuestos sobre la propiedad, sino también de los gastos generales como la salud y el hogar.

Por lo tanto, esto termina haciendo que la vida de los ancianos sea cualquier cosa menos relajada y tranquila.

Los impuestos sobre la tierra, cada vez más altos, se están convirtiendo en una carga para estos ancianos. Es especialmente problemático para los profesionales jubilados para quienes dos meses de ahorros equivalen a una pequeña cantidad de impuestos a pagar.

Este problema fiscal se está convirtiendo en la causa de que muchos de ellos dejen sus casas de 20 a 30 años, por la incapacidad de pagar. Aquí es donde Kaye Financial Corporation, una de las principales compañías hipotecarias de Michigan, ha sido de gran ayuda para estas personas mayores.

En vista del hecho de que la mayoría de estas personas se ven obligadas a sobrevivir con una cierta cantidad de ingresos dados, se ven obligados a comprometerse de importantes factores de sus vidas para hacer frente a los alquileres de las casas.

Pero ahora con este nuevo esquema de hipoteca revertida, pueden usar el dinero extra para llevar una vida completa, sin preocuparse de cómo obtener recursos para sobrevivir, incluso después de la jubilación.

Esto es especialmente beneficioso porque el dinero es provisto de acuerdo a las necesidades de la persona. Puede ser enviado en su totalidad en una cantidad masiva, una vez al mes o en pequeñas cantidades cuando sea necesario.

Así, esto se convierte en ventajoso para todos según sus necesidades.

Además, como la mayoría de los préstamos están fuera de los límites de las personas mayores, el préstamo inverso les viene como una noticia reconfortante, ya que no exige requisitos de ingresos, salud o edad estipulados para solicitarlo. Así pues, esos planes proporcionan a los ancianos una sensación de bienestar, libertad y seguridad.

Además, pueden utilizar el dinero que proviene de este plan de hipotecas inversas para pagar los impuestos, alquileres, facturas y otros gastos como la hipoteca, por lo que llevan una vida sin compromisos. Así que se puede decir que el plan de hipotecas revertidas es entonces lo mejor que le pudo haber sucedido a estos ciudadanos mayores, ya que ahora podrán seguir viviendo sus vidas a plenitud de sus deseos.

Capítulo 12: Independencia financiera y planificación de la jubilación

La independencia económica es esencial para todos nosotros después de la jubilación. Todos deseamos una vida cómoda y relajada durante nuestra vejez. Lamentablemente, la mayoría de nosotros no podemos tener el tipo de vida que queríamos después de dejar el trabajo, simplemente por falta de dinero.

En varias situaciones, la gente tiene que seguir trabajando incluso después de jubilarse, simplemente para satisfacer las necesidades básicas. La infeliz circunstancia podría haber sido diferente con una cierta cantidad de preparación e inversión cuidadosa y fácil.

Estos puntos pueden permitirte tener la independencia económica y la vida que deseabas a una edad más avanzada.

1. La posición a la que aspiras al final - Recuerda que la sección vital de cualquier plan de vejez es averiguar la posición que deseas en la última parte de la vida. La mayoría de nosotros no tenemos ni idea de la vida que deseamos en la vejez, y por eso nos lanzamos a esquemas de vejez sin un objetivo mental adecuado fijado en nuestra mente.

2. Lista de deseos - Así como no conduces un coche sin tener idea de dónde quieres ir, no planifiques sin pensar. Cuando tomes cualquier plan de jubilación, enumera todos los que deseas tener después de que dejes el trabajo. Lista el tipo de residencia que deseas, el tipo de coche que deseas, el tipo de vida que quieres y así sucesivamente. No te pierdas nada. Anota todo hasta el último detalle.

3. Manten la hoja de papel en algún lugar, que sea más accesible. De esta manera podrás verlo tanto como sea posible. Este proceso irá fijando gradualmente en tus niveles mentales los objetivos que tienes para después de la jubilación y la vejez. Entonces, gradualmente formaras conceptos para alcanzar esos objetivos simplemente viéndolos y poseyéndolos mentalmente.

4. Calcular el dinero necesario para los objetivos - Calcular la cantidad de financiación necesaria para hacer realidad los objetivos. Luego busca los activos y las políticas de inversión, que pueden hacerte llegar a la posición. Te sugeriré que conozcas todos los planes de jubilación y los planes para la vejez. Entonces tú estarás en completo control del futuro.

La mayoría de nosotros dejamos los diferentes aspectos de los planes de vejez a una corporación de cuidado monetario. Pero lo manejan ustedes mismos. Revisen los libros que tratan de las políticas de inversión y de cómo ganar dinero.

Estos puntos pueden ayudar a conseguir una vida económica y liberada en los últimos años.

Capítulo 13: La libertad tiene un precio

Para cualquiera que esté planeando, o yendo, a iniciar un negocio en casa, hay algunas condiciones y advertencias básicas que vienen en letra pequeña, y con respecto a las cuales los posibles reclutadores nunca dicen mucho. Pero es imperativo que presten la debida atención a estas verdades básicas.

En primer lugar, recuerda que siempre tendrás que hacer algunos sacrificios. Tendrás que gastar dinero, tiempo y energía para hacer despegar cualquier negocio. La mayoría de los reclutadores tergiversan la oportunidad cuando insisten en que cualquiera puede hacerlo, sin mencionar la alta tasa de fracaso.

Esto significa que tendrías que sacrificar parte o la mayor parte del tiempo que de otra manera pasarías haciendo las cosas que disfrutas o en compañía de amigos y familiares. Esto sin duda producirá estrés y resentimiento y necesitas estar preparado de antemano para manejar las consecuencias.

Además, necesitarás la energía extra, más allá de tu cuota normal destinada a tu trabajo regular, familia y hogar, para hacer las cosas necesarias para tu negocio. Así que necesitas aprovechar tus reservas extra: desarrolla tu impulso para tener éxito y mantente motivado diciéndote que todo esto valdrá la pena a largo plazo.

En cuanto a los sacrificios financieros, hay medios para absorber gradualmente la carga o incluso eliminarla por completo, pero por adelantado, tienes que destinar algo de dinero para poner las cosas en marcha.

La estrategia es ser capaz de ver estos sacrificios como algo positivo y productivo. Así que tienes que ser optimista y considerarlos como inversiones para tu futuro y tu independencia.

Considera las ventajas de la prudencia y la fortaleza: no te desanimes por los fracasos iniciales, sino que aprende de ellos. Puedes hacer que tus sacrificios y tus fracasos sean los cimientos de tu éxito.

Tu éxito es el que haces y te das a ti mismo. Puedes pensar en él como tu recompensa, como algo que ya se ha hecho en tu nombre, pero tu parte es merecerlo, hacerlo tuyo. Así que sal ahí fuera y busca tu éxito que está esperando a que lo alcanzes!. Habrá momentos en los que serás puesto a prueba, pero tendrás que apretar los dientes, apretar los puños y oprimirlo. En momentos como estos, simplemente cierra tu mente a todos los elementos negativos, y presiona para mantener tu objetivo y tu visión en la mente. Todo esto es mucho más fácil de decir que de hacer, pero también es el largo y difícil camino que hay que recorrer para tener éxito.

Capítulo 14: Establecer metas para la independencia financiera

El primer paso que debes tomar mientras administras tu dinero es tener un objetivo financiero. El Año Nuevo es un momento ideal que te ayudará a tomar algunas decisiones importantes. Es el momento de revisar tus metas financieras. Tus metas te ayudarían a seguir adelante con tus finanzas.

Deberías tener algo por lo que trabajar todos los días. Deberías tener un presupuesto planeado y usar estas metas que has establecido como tu mapa. Estas metas financieras ayudan a motivarte y a animarte a ahorrar. Sin un plan apropiado es difícil llegar a cualquier parte, así que es importante estar bien dirigido.

En caso de que no tengas una meta financiera nunca podrás lograr una independencia financiera. Necesitas poner los puntos sobre las cosas que necesitas lograr. Haz una lista de las cosas que quieres. Tu lista puede comenzar con el primer paso de estar libre de deudas; se puede seguir debiendo al iniciar una cuenta de jubilación, ahorrando lo suficiente para patrocinar una casa para uno mismo y otras necesidades básicas.

No dejes que todo esto te impida escribir todo lo que quieras y desees incluir en tu planificación financiera. En caso de que estés deseando muebles nuevos o un viaje a Europa, inclúyelos también.

Estos son objetivos de dinero que son alcanzables. Asegúrate de priorizar tus deseos. Debes darte cuenta de que salir de la deuda es de máxima urgencia, mientras que una gira por Europa puede esperar.

Hay ciertos objetivos en los que trabajamos constantemente, y hay algunos que esperan a que se cumplan ciertos objetivos antes de que puedan ser ejecutados. Es importante establecer limitaciones de tiempo para el cumplimiento de los objetivos.

Tomemos por ejemplo que puede haber unos 25 años antes de que te retires, así que querrías estar libre de deudas en unos 6 años. Trabaja sensatamente en tus objetivos. Recuerda que siempre estás abierto a modificarlos.

Tu siguiente paso sería dividir tus metas en metas a corto plazo. Cuando dividimos una gran tarea en pequeños pasos nos ayuda a cumplirlos mejor. Hace que la tarea sea más fácil. Veamos cómo funcionaría esto para liberarnos de las deudas. Necesitamos hacer una tarea a la vez.

Exitos y prosperidad!

Visita nuestra página de autores en Amazon! ¡Y consigue más **MENTES LIBRES!**

http://amazon.com/author/menteslibres

Si lo deseas, puedes dejar tu comentario sobre este libro haciendo clic en el siguiente enlace para que podamos seguir creciendo! ¡Muchas gracias por tu compra!

https://www.amazon.com/dp/B08542G7V2

www.ingramcontent.com/pod-product-compliance
Lightning Source LLC
Chambersburg PA
CBHW050257220526
45465CB00002B/720